Rainer Haak, Gebete

Rainer Haak

Gebete

Auf der Suche nach Gott

Heute lebe ich

Hoffnung für die Welt

skv edition

Bildnachweis:
Umschlagbild, S. 13, 41, 45, 69: W. Rauch; S. 9, 25: M. Ruckszio; S. 17: H. Janßen; S. 21, 65, 93: K. Radtke; S. 29: M. Wöhrle; S. 33: M. Zimmermann; S. 37: Dr. Titz/TIPHO-Bildarchiv; S. 49, 73: E. Sadowski; S. 53, 61: Bildarchiv Bertrand; S. 57: B. Schellhammer; S. 77: P. Santor; S. 81: G. Gölz; S. 85: TH-Foto-Werbung; S. 89: R. Haak

Die Deutsche Bibliothek – CIP-Einheitsaufnahme

Haak, Rainer:
Gebete : Auf der Suche nach Gott ; Heute lebe ich ; Hoffnung für die Welt / Rainer Haak. - Lahr : SKV-Ed., 1994

ISBN 3-87729-602-5

Gebetbuch 92 394

Gesamtherstellung: St.-Johannis-Druckerei, 77922 Lahr
Printed in Germany 3589/1994

INHALTSVERZEICHNIS

Dieses Gebetbuch will ein Begleiter sein durch die unterschiedlichen Zeiten des Lebens. Es bietet Hilfen zum Gebet, wenn wir selbst sprachlos sind oder wenn es vor lauter Freude nur so aus uns heraus sprudelt. Es nimmt Situationen auf, in denen wir hilflos vor Verzweiflung und mit unserer Kraft am Ende sind oder in denen wir die ganze Welt umarmen könnten. Es begleitet durch Glauben und Zweifel, Krankheit und Gesundheit, Arbeit und Urlaub, Sommer und Winter, Tag und Nacht.

Menschen, die auf der Suche nach Gott sind, sind zugleich auf der Suche nach wirklichem Leben. Sie ahnen, daß Gott etwas mit ihren tiefsten Fragen und Sehnsüchten zu tun hat. Menschen, die auf der Suche nach Gott sind, sind in Bewegung. Sie geben sich nicht mit einem festgefahrenen oder leeren Leben zufrieden – sie wollen mehr. Sie wollen die Zeit, die ihnen zur Verfügung steht, sinnvoll nutzen. Sie wollen Zeichen des Lebens suchen und setzen. Sie wollen sich selbst besser kennenlernen und ihre Mitmenschen. Sie wollen sich für das Leben in dieser Welt einsetzen. Menschen, die auf der Suche nach Gott sind, wollen das Gebet nicht dazu mißbrauchen, nur ihre festgefahrenen Meinungen bestätigen zu lassen. Sie wollen hören, lernen, in der Liebe wachsen. Sie wollen Wege finden, die es zu gehen

lohnt. Sie wollen sich, immer wieder neu, von Gott ins Leben begleiten lassen.
Ich hoffe, liebe Leserin, lieber Leser, daß Sie sich in diesem Buch entdecken – mit Ihren Verletzungen und guten Träumen, mit Ihrer ganzen Sehnsucht nach Gott, nach dem Leben. Und ich hoffe, daß Sie gute Wege finden und zu gehen wagen.

Ihr Rainer Haak

Ich kann es nicht

Herr,
ich will beten,
aber ich kann es nicht.
Ich will glauben,
aber ich kann es nicht.
Ich will lieben,
aber ich kann es nicht.
Ich will mich freuen,
aber ich kann es nicht.
Ich will dir vertrauen,
aber ich kann es nicht.
Ich will hoffen,
aber ich kann es nicht.
Herr, manchmal möchte ich
vor dir weglaufen,
aber du läßt mich nicht los!
Herr, ich möchte zu dir beten,
aber mir fehlen die Worte.
Schenke du mir Worte.
Oder schenke mir,
daß auch mein Schweigen
ein Gebet ist.

Bittet, so wird euch gegeben;
suchet, so werdet ihr finden;
klopfet an, so wird euch aufgetan.
Denn wer da bittet, der empfängt;
und wer da sucht, der findet;
und wer da anklopft, dem wird aufgetan.

(Matthäusevangelium 7, 7–8)

Wo bist du?

Wo bist du, Gott?
Ich würde dich so gerne einmal sehen.
Ich würde so gerne deine Stimme hören
oder dich ganz deutlich spüren.
Ich bete zu dir,
ich vertraue und hoffe
und schreie und zweifle.
Ich bedränge dich mit meinen Fragen
und warte auf eine Antwort.

Wo bist du, Gott?
Ich danke dir, daß du in Jesus
Mensch geworden bist,
ein Mensch, der wie ich
Vertrauen und Verzweiflung kannte.
Seine Worte und Taten helfen mir,
dich kennenzulernen
und deinen Willen zu erfahren.
In ihm begegne ich dir.

Wo bist du, Gott?
Ich danke dir, daß dein Heiliger Geist
mir nahe sein will.
Ich danke dir, daß er meine Liebe
und meine Sehnsucht zu dir
wecken will
und wachsen lassen kann.

Ich möchte mit dir reden

Höre mich doch!
Ich suche dich,
denn du hast mir gesagt:
Wenn du ratlos bist und Hilfe brauchst,
dann komm zu mir!
Ich suche dich,
denn ich bin traurig.
Laß mich nicht allein.

Laß mich nicht ins Leere laufen.
Du kannst mit mir nicht zufrieden sein.
Du hast mir so oft geholfen,
laß mich auch heute nicht im Stich.
Nimm du mein Leben in deine Hand,
zeig mir den Weg,
verlaß mich nicht.

(überliefert nach Psalm 27)

Zeit für Gott

Ich möchte regelmäßig Zeit finden
für dich, guter Gott!
Ich möchte mir die Zeit nehmen
für dein Wort,
um dich besser kennenzulernen.
Ich möchte deine Nähe spüren
und die Stille
in deinem Angesicht aushalten,
bis ich mit meinem Herzen hören kann,
was du mir sagen willst.
Ich bin sicher,
daß mich deine Nähe verändert,
frei macht für meine Mitmenschen
und offen für das wirkliche Leben.
Gott, du bist das Leben,
laß es mich in deiner Nähe einatmen.

Ich möchte regelmäßig Zeit finden für dich,
himmlischer Vater!
Laß es bitte nicht
bei einem guten Vorsatz bleiben!

Der Physiker Albert Einstein meinte,
wir sollten unser Leben nicht nach Jahren,
sondern nach Minuten zählen.
Täglich 24 Stunden wären 1440 Minuten.
Täglich ein paar Minuten zum Stillwerden,
zur Besinnung, zum Sprechen mit Gott –
wäre das zuviel?

(überliefert)

Zu dir beten

Ich möchte zu dir beten, Gott.
Aber mir fehlen die Worte.
Ich bin ausgebrannt und leer.

Ich möchte zu dir beten, Gott.
Aber ich habe mich so weit entfernt
von dir und deiner Liebe.

Ich möchte zu dir beten,
weil ich hoffe,
daß du mich nicht aufgibst.

Ich möchte zu dir beten, Gott.
Aber mein Vertrauen ist so klein,
und meine Zweifel drücken mich nieder.

Ich möchte zu dir beten,
weil ich nach dem Leben suche,
das du allein ermöglichen kannst.

Ich möchte zu dir beten, Gott.
Amen.

Leben

Ich lebe.
Aber kann ich das »Leben« nennen?
Ich lebe ohne Freude,
ohne Mut und Hoffnung.

Ich lebe
seit vielen Jahren.
Warum hast du, Gott,
mir mein Leben geschenkt?

Ich lebe,
und wenn ich zurückdenke,
dann erinnere ich mich auch
an gute, fröhliche Zeiten.
Aber heute?

Ich lebe.
Gott, du hast mir das Leben geschenkt,
damals.
So schenke es mir noch einmal,
das Leben, das richtige Leben,
heute!

Leben aus erster Hand

Lebendiger Gott,
ich habe Sehnsucht nach dem wahren Leben.
Ich brauche aufrichtige Liebe.
Ich freue mich über echte Blumen.
Ich sehne mich nach unverfälschter Natur,
nach sauberer Luft
und klarem Wasser.

Ich lebe viel zu oft aus zweiter Hand.
Mir begegnet vorgetäuschte Liebe,
und oft ist meine eigene Liebe nur gespielt.
Überall stehen künstliche Blumen,
und unsere Umwelt kämpft ständig
mit der amtlich erlaubten Schadstoffgrenze.

Gott, du bist die Liebe,
du bist das Leben, echt und unverfälscht,
du schenkst mir klares Wasser ein.
Du nimmst meine Sehnsucht
nach dem Echten ernst.
Laß mich nicht umsonst hoffen
und zeig mir Wege, die richtig sind.
Danke, daß du der lebendige Gott bist,
damals und heute und in alle Ewigkeit.

Wenn der Herr
die Gefangenen Zions erlösen wird,
dann werden wir sein
wie die Träumenden.
Dann wird unser Mund voll Lachens
und unsere Zunge voll Rühmens sein.

(Psalm 126, 1–2)

Für einen Tag

Gib mir Kraft für einen Tag!
Herr, ich bitte nur für diesen,
daß mir werde zugewiesen,
was ich heute brauchen mag.

Jeder Tag hat seine Last,
jeder Tag bringt neue Sorgen,
und ich weiß nicht, was für morgen
du mir, Herr, beschieden hast.

Aber eines weiß ich fest,
daß mein Gott, der seine Treue
täglich mir erwies aufs neue,
sich auch morgen finden läßt.

Gib mir heute deinen Geist,
daß das Band werd' stark erfunden,
das mich hält mit dir verbunden
und bis morgen nicht zerreißt.

Und so will ich meine Bahn
ohne Sorgen weiterschreiten.
Du wirst Schritt um Schritt mich leiten,
bis der letzte Schritt getan.

R. Lehmann-Filhés

Ein neuer Anfang

Menschen glauben,
am Ende zu sein.
Menschen haben das Vertrauen
in sich selbst aufgegeben.
Menschen sind zerbrochen,
verzweifelt, ohne Hoffnung.
Menschen haben ihren Glauben
an dich, Gott, verloren.

Ich danke dir, Gott im Himmel,
daß es bei dir
keine hoffnungslosen Fälle gibt.
Ich danke dir, daß du uns niemals aufgibst.
Ich danke dir,
daß es für einen neuen Anfang
niemals zu spät sein muß.
Ich danke dir,
daß du nicht aufhörst,
uns zu rufen.
Ich danke dir,
daß du in heillosen Zuständen
und für heillose Menschen
dein Heil bereit hast.

Dunkle Wolken

Ich würde mich am liebsten verkriechen.
Zu groß sind die Sorgen,
zu stark sind die Schmerzen,
wie weggeblasen ist meine Lebensfreude.
Ich ziehe mich in mein Zimmer zurück
und finde doch keine Ruhe.
Ich will allein sein
und spüre keinen Frieden in mir.
Wohin kann ich fliehen,
wenn ich nicht weiterweiß?

Meine Zuflucht bist du, mein Gott.
Bei dir kann ich abladen
und mich ausweinen,
bei dir kann ich loslassen.
Bei dir darf ich sein, wie ich bin.
Laß mich nicht allein mit meinen Sorgen,
laß mich nicht verzweifeln
in meinen Schmerzen,
und schenke mir neue Freude!
Ich will darauf vertrauen,
daß du mir deinen Frieden schenkst.

Wenn ich falle, mein Gott,
dann in deine Hände.
Wenn ich schwach bin,
dann werde du meine Stärke.
Wenn ich am Ende bin,
dann laß mich neu anfangen.

Ich brauche dich

Ich mag mir selbst nicht mehr
in die Augen schauen.
Ich fühle mich schmutzig und gemein,
egoistisch und lieblos.
Ich verstehe nicht,
wie ich das tun konnte.

Gott, himmlischer Vater,
ich fühle mich unwürdig, zu dir zu beten.
Aber gerade jetzt
brauche ich dich besonders dringend.
Danke, daß ich mit allem
zu dir kommen darf.
Danke, daß Jesus alle menschlichen Tiefen
und selbst die Gottesferne durchlitt.
Danke, daß er um meine Sünden wußte
und sie am Kreuz auf sich nahm.

Gott, ich glaube an die Kraft der Vergebung.
Ich vertraue darauf,
daß ich mit meinen Sünden und Fehlern
von dir nicht abgewiesen werde.
Ich lege alles vor dich hin und bitte,
daß du mir verzeihst
um deines Sohnes Jesus Christus willen,
der für mich ans Kreuz gegangen ist.

Was ist von mir geblieben?

Gott –
was ist von mir geblieben?
Mein Stolz,
meine Sicherheit,
sie sind weit weg.
Meine Zukunftspläne,
meine Träume,
sie schmecken bitter
und verschwimmen in meinen Tränen.

Du hast doch, damals –
als Jesus lebte –
dich herabgebeugt
zu den Hoffnungslosen,
zu denen, die nicht mehr
zu träumen wagten.
Du hast sie geheilt,
innerlich und äußerlich,
du hast sie besucht
und ihnen die Füße gewaschen.

Meine Hoffnung bist du.
Mein Heil erwarte ich von dir.
Meine Zukunft –
du weißt es.

Abgelehnt!

Zurückgestoßen,
übergangen,
abgelehnt,
warum? –
bin ich weniger wert als andere?

Ich sitze da und grüble.
Sind die anderen besser als ich?
Bin ich zu verkrampft?
Bin ich ein Versager?
Ich mag mich nicht,
ich mag keine Verlierer!

Jesus,
du hast niemanden zurückgestoßen,
und wer von allen übergangen wurde,
wurde von dir aufgenommen.
Du weißt selbst, wie es ist,
von den Menschen abgelehnt zu werden,
und lehnst niemanden ab,
der zu dir kommt.

Jesus, da bin ich.
Zeigst du mir neu
meinen Wert als Mensch?

In mir ist es dunkel.
Sei du, Gott, mein Licht!
Ich bin leer und ausgebrannt.
Sei du, Gott, meine Kraft!
Ich irre ziellos umher.
Sei du, Gott, mir Weg und Ziel!

Angst

Angst
vor dem Leben,
daß es mir entgleitet,
daß es zu schnell ist,
daß es zu schwer ist,
daß ich es verfehle.

Angst –
vor den Menschen,
daß sie mir zu nahe kommen,
daß sie sich von mir zurückziehen,
daß sie über mich lachen,
daß sie über mich weinen und trauern.

Angst –
vor der Krankheit,
vor der Schwäche,
vor der Hilfsbedürftigkeit,
vor dem Sterben,
vor der Sinnlosigkeit,
vor dem Nichts.

Angst –
mein Gott,
bei dir abgeladen,
von meinen Schultern,
meinem Kopf,
meinem Herzen,
meiner Seele.

Angst –
mein Gott,
dir in die Hände,
dir auf dein Herz,
dir auf dein Kreuz gelegt.

Angst –
mein Gott,
verwandelt,
von dir verwandelt,
langsam,
weil ich zögere
und ungern abgebe
und loslasse,
langsam
verwandelt
in Hoffnung und Freude.

Bei dir abladen

Jesus,
so viele Menschen kamen damals zu dir.
Verzweifelte,
Ausgestoßene,
Einsame,
Kranke.
Du nahmst dir Zeit für sie,
du warst für sie da,
du hörtest ihnen zu,
du zeigtest ihnen ihren besonderen Wert
als Kinder Gottes,
du hast sie geheilt,
du hast sie gesegnet.

So komme auch ich jetzt zu dir.
Ich lade meine Sorgen bei dir ab,
mein Leiden,
meine Verzweiflung,
meine Krankheit.
Ich bin sicher,
daß du mitträgst
und heilst
und segnest.

Vater im Himmel,
halte mich fest an deiner Hand!
Tröste mich durch deine Nähe!
Laß mich in meinen Sorgen nicht
untergehen,
und gib mir eine neue Hoffnung,
du, mein Gott!

Nah und fern

Manchmal warst du mir nah
und oft unendlich fern.
Wenn ich meinte,
einen sicheren Weg gefunden zu haben,
um deine Nähe zu spüren,
dann warst du wie weggeblasen
aus meinem Leben.
Wenn ich meinte, allein stark zu sein,
entfernte ich mich immer weiter von dir.
Aber wenn ich verzweifelt war,
dann spürte ich deine Nähe
und fühlte fast deinen lebendigen Atem.

Jetzt stehe ich vor dir,
allein in meiner Not und meinen Schmerzen,
unfähig, einen Weg zu dir zu gehen
oder Mut und Stärke zu beweisen.
Ich stehe vor dir, verzweifelt –
und deiner Liebe sicher.

Einsamkeit

Die Einsamkeit
verdunkelt meine Tage,
sie nagt an mir
in der Nacht,
sie vernebelt meine Gedanken.
Gott, laß du mich nicht allein
und heile meine einsame Seele!

Ich habe längst aufgehört,
Pläne zu machen,
und hoffe doch ständig,
daß die Einsamkeit
ein Ende haben wird.
Gott, zeig mir einen Ausweg
aus meiner Einsamkeit!

Ich bin wie eine einsame Insel,
die umgeben ist
vom endlosen, stürmischen Meer.
Gott, umgib du mich,
nimm mir meine Angst
und schenke mir Vertrauen in das Leben.

Mein selbstgebautes Gefängnis

Früher hätte ich nie gedacht,
daß es möglich ist, so einsam zu sein.
Ich kenne viele Menschen,
ich begegne vielen Menschen,
und doch bin ich einsam.
Ich habe mich selbst isoliert.
Ich leide unter Verletzungen,
unter einem schweren Verlust,
unter Enttäuschungen.
Ich bin in meine eigene Welt geflohen,
und jetzt kann ich mich nicht mehr
daraus befreien.

Herr Jesus,
du hast selbst Momente
größter Einsamkeit erlebt.
Du willst, daß ich heil bin
und meine Isolation überwinde.
Bitte zerstöre mein selbstgebautes Gefängnis.
Ich glaube, dieses Gebet
ist bereits der erste Schritt.
Mein erster Schritt,
zu dir, zu den Menschen.
Laß mich deine Nähe spüren
und die Nähe meiner Mitmenschen zulassen.

Gott schenke mir die Gelassenheit,
Dinge hinzunehmen,
die ich nicht ändern kann,
den Mut, Dinge zu ändern,
die in meiner Macht stehen,
und die Klugheit,
beides voneinander zu unterscheiden.

(F. Oetinger)

Dir neu begegnen

Wie soll ich akzeptieren,
daß gerade das, Herr,
dein Wille ist?
Wie soll ich »ja« sagen
zu dem, was passiert ist?
Ich habe zu dir gebetet,
habe gebettelt und gefleht,
doch du hast nicht geholfen.
Dein Wille geschehe,
das sagt sich so leicht,
wenn dein Wille verständlich ist
oder wenn die Konsequenzen
nicht mich treffen.
Herr, wenn ich das schon nicht verstehen kann
und ohnmächtig und fassungslos dastehe,
dann laß mich doch in meinem Leid
dir neu begegnen.
Hilf, daß meine Beziehung zu dir
eine neue Dimension gewinnt.
In guten Zeiten bei dir geborgen –
das kann nur der Anfang sein.
In schlechten Zeiten, im Leid,
bei dir Geborgenheit finden,
das erst gibt meinem Glauben
Tiefe und Vertrauen auf Dauer.

Zurück zum Leben

Wir verstanden uns so gut.
Wir waren so vertraut miteinander.
Der Tod trat zwischen uns.
Aber wir gehören doch zusammen!

Jetzt bin ich allein mit meiner Trauer,
mit meiner ganzen Ohnmacht,
inmitten aller Erinnerungen.
Werde ich fliehen
in die erfüllte Vergangenheit?
Werde ich fliehen vor dem Leben,
weil sich der Tod als stärker erwiesen hat?

Jesus, du hast den Tod doch auch erfahren!
Durch den Tod, so heißt es, bist du gegangen
in die andere, bessere Welt Gottes.
Ist der Tod das Tor zum Leben?
Sind wir dort besser aufgehoben?

Jesus, begleite du mich
bei meinen vorsichtigen Schritten
von der Trauer und Ohnmacht
zurück zum Leben!
Laß mich die Angst vor dem Tod verlieren
und die Angst vor dem Lebenl

Abgeschnitten von der Welt

Ein Bett, ein Zimmer,
alles andere ist jetzt weit weg.
Das Leben draußen geht an mir vorbei.
Meine Welt ist klein geworden.

Ein Bett, in dem ich grüble
und schwitze und friere,
in dem sich die Zeit unendlich dehnt
und mir zugleich
zwischen den Fingern zerrinnt.

Was bin ich noch,
abgeschnitten von der Welt um mich
und dem Wechsel von Arbeit und Ruhe,
von Hinausgehen und Zurückkehren?

Ach, Gott,
laß meine verstörte Seele bei dir
Geborgenheit finden!
Gib meiner kleinen Welt eine Vorstellung
von deiner unendlichen Wirklichkeit!
Und laß meine Zeit
in deinen Händen ruhen!

Der Herr ist mein Hirte,
mir wird nichts mangeln.
Er weidet mich auf einer grünen Aue
und führet mich zum frischen Wasser.
Er erquicket meine Seele.
Er führet mich auf rechter Straße
um seines Namens willen.

(Psalm 23, 1–3)

Von dir lernen

Was gestern noch wichtig war,
ist heute weit weg.
Was groß war in meinen Augen,
ist jetzt völlig bedeutungslos.
Meine Maßstäbe haben sich verändert.
Mein Inneres ist nach außen gekommen,
und alles Äußerliche ist unwichtig.
Mein Wunsch, Gott, ist der:
Ich möchte gesund werden.
Aber anders als vorher.
Ich wünsche mir eine neue Gesundheit,
innerlich wie äußerlich,
im Denken wie im Handeln.
Ich möchte von dir lernen,
was gesund ist in diesem Leben.
Schenke mir Augen für wirkliche Größe
und für Werte,
die auch im Augenblick der Krankheit
Bestand haben.

Mensch werden

Ich habe immer gut funktioniert.
Ich war leistungsfähig und zuverlässig.
Ich habe gearbeitet,
oft bis zur Erschöpfung.
Ich habe geholfen, wo es möglich war.
Ich konnte nur selten nein sagen.
Jetzt wurde das Nein zu mir gesagt.
War es mein Körper, der nein sagte,
mein Unterbewußtsein,
war es Gott?
Vielleicht lerne ich daraus.
Mein Körper ist keine Maschine.
Es geht nicht darum,
stets reibungslos zu funktionieren.
Es geht darum, Mensch zu sein
oder zu werden.
Es geht darum, meine Würde zu finden,
die unabhängig ist von Leistung
und Funktionieren.
Ob du, Gott, mir dabei hilfst?

Meine Krankheit akzeptieren

Ich habe keine Zeit,
krank zu sein.
Ich bin nicht darauf vorbereitet.
Mir ist, als wenn das Leben
in diesen Wochen an mir vorbeiginge.

Gott,
laß mich meine Krankheit akzeptieren,
um wieder gesund zu werden.
Laß mich zur Ruhe kommen
und bei dir Ruhe finden.
Laß mich hören,
tief in mein Inneres.
Laß mich lernen,
was Gesundheit wert ist
und wie sie zu erhalten ist.

Du, mein Gott,
beugst dich zu mir,
hältst deine Hand über mich
und heilst meine Seele.

Bei allem, was du denkst und tust,
bist du nicht allein.
Gott ist dir so nahe,
wie du es zuläßt.

Worte am Krankenbett

Sie reden mit mir,
sie können nicht schweigen!
Sie reden mit mir, aber sie sagen nichts.

Sie reden mit mir,
und die Worte sind hohl,
sie reden und reden,
weil sie Angst davor haben,
etwas sagen zu müssen.

Wie oft, mein Gott,
wolltest du mir etwas sagen,
und ich habe dich nicht hören wollen.
Deine Worte sind Leben.

Jetzt sprich du zu mir,
lebendige Worte,
Worte des Lebens,
sag mir die Wahrheit
über das Leben,
über mein Leben,
über dich und mich.

Ich bin unzufrieden

Ich bin ungeduldig in meiner Krankheit,
manches Mal ungerecht
und unfreundlich.
Dabei habe ich allen Grund zur Dankbarkeit.
Gott, Vater,
ich danke für die Schwestern und Pfleger,
die unermüdlich für uns Kranke da sind.
Sie versuchen zu lächeln
oder ein fröhliches Wort zu sagen,
auch wenn sie müde und überarbeitet sind.
Ich danke dir für die Ärztinnen und Ärzte,
die alles tun für meine Gesundheit.
Ich danke dir für die vielen,
die es möglich machen,
daß ich den ganzen Tag umsorgt bin.
Ich danke dir für Medizin und Geräte.
Ich danke für die Besucher,
die mir zeigen, daß ich ihnen fehle
und daß ich ihnen wichtig bin.

Auch wenn ich schon oft unzufrieden war
mit mir und den Schwestern,
mit dem Essen und den Heilerfolgen –
ich danke für alles von ganzem Herzen.

Eine wichtige Veränderung

Wenn ich mit dankbarem Herzen
zu dir bete, mein Gott,
dann spüre ich schon bald
eine Veränderung in mir:
Nicht immer mehr haben wollen ist wichtig,
nicht noch mehr darstellen will ich,
sondern mich freuen über dich
und alles, was du möglich machst.
Wenn ich von Dankbarkeit erfüllt bin,
weil ich mich sattessen kann,
dann führst du mich
bald einen wichtigen Schritt weiter:
Du öffnest meine Augen für die Menschen,
die verzweifelt auf ein Stück Brot hoffen,
auf Hilfe und Gerechtigkeit.
Das machst du möglich.
Wenn ich dir danke, himmlischer Vater,
daß ich dir von Herzen vertrauen kann,
dann zeigst du mir für mein Leben
die wichtigste Aufgabe:
Für alle, die kein Vertrauen kennen,
weder zu Menschen noch zu dir, Gott,
darf ich Bote der Liebe sein,
die nur du möglich machst.

Gesegnet ist der Mensch,
der sich auf den Herrn verläßt
und auf den Herrn hofft.
Der ist wie ein Baum,
am Wasser gepflanzt,
der seine Wurzeln zum Bach hin streckt.

(aus Jeremia 17)

Das Vaterunser

Vater unser
    Vater aller Menschen,
    der guten und der bösen,
    meiner Freunde und meiner Feinde
im Himmel,
    Gottes Wirklichkeit,
    unendlich groß und ganz nah
geheiligt werde dein Name.
    Dein Name, den wir stolz
    vor uns hertragen,
    für unsere Zwecke gebrauchen
    oder gedankenlos benutzen
Dein Reich komme.
    Nicht unser eigenes Reich,
    nicht das Werk unserer Hände,
    nicht eine Insel der Glückseligen
Dein Wille geschehe,
wie im Himmel, so auf Erden.
    Nicht unser eigener Wille,
    nicht was wir
    für gut und richtig halten,
    nicht, was einzelne
    oder die Massen wollen
Unser tägliches Brot gib uns heute.
    Laß uns, was wir zum Leben brauchen,
    dankbar aus deiner Hand nehmen,
    verantwortlich damit umgehen,
    geschwisterlich teilen

Und vergib uns unsere Schuld,
    Die Schuld, die wir vor dir bekennen,
    und die, die wir gar nicht sehen,
    weil wir selbstgerecht
    und verblendet sind
    und Liebe nur für uns
    und unsere Freunde gelten lassen
wie auch wir vergeben unseren Schuldigern.
    Denen, die uns um Verzeihung bitten
    und denen, die sich
    nie einer Schuld bewußt sind
Und führe uns nicht in Versuchung,
sondern erlöse uns von dem Bösen.
    Die Versuchung zu meinen,
    daß es reicht, richtig zu beten
    und richtig zu glauben,
    statt zu lieben und zu handeln
Denn dein ist das Reich und die Kraft
und die Herrlichkeit in Ewigkeit. Amen.
    Du kannst möglich machen,
    was uns unmöglich ist,
    du kannst Liebe schenken,
    wenn wir lieblos handeln,
    du kannst Leben schaffen,
    wenn wir am Ende sind. Amen.

Mein Glaube ist klein

Danke, himmlischer Vater,
für deine Treue und Liebe.
Niemals würdest du mich abweisen.
Ich weiß, daß mein Glaube
sehr unbeständig ist.
Ich kenne Zweifel und Vorbehalte,
und oft meine ich,
es gehe auch ohne dich ganz gut.
Ich habe erlebt,
daß meine Beziehung zu dir
Gewohnheit geworden ist,
eine Selbstverständlichkeit, eine Last.
Die Freude an dir wurde
von tausend anderen Dingen erdrückt.
Aber ich habe auch erlebt,
daß diese Freude mich neu ergriff
und du mir wieder ganz wichtig wurdest.
Ich habe erlebt,
daß du mich durch Krisen begleitet hast
und mir in ausweglosen Situationen
einen Ausweg eröffnet hast.
Danke, daß du treu bist,
auch wenn mein Glaube klein ist.
Danke, daß ich beten darf,
daß mein Glaube wächst.

Der gute Gott
schenke dir neu Glauben und Vertrauen,
wenn du an ihm
und am Leben zweifelst.

Gott kennt mich ganz genau

Herr, du erforschest mich und kennst mich.
Ich sitze oder stehe auf, du weißt es.
Von fern erkennst du meine Gedanken.
Ich gehe oder liege, du weißt es;
du bist mit allen meinen Wegen vertraut.
Es ist kein Wort auf meiner Zunge,
das du, Herr, nicht schon wüßtest.
Von allen Seiten umgibst du mich
und hältst deine Hand über mir.
Diese Erkenntnis ist mir
zu wunderbar und zu hoch,
ich kann sie nicht begreifen.

Wohin soll ich gehen vor deinem Geist
und wohin soll ich fliehen
vor deinem Angesicht?
Führe ich zum Himmel,
so bist du da.
Bettete ich mich bei den Toten,
siehe, du bist auch da.
Nähme ich Flügel der Morgenröte
und ließe mich nieder am äußersten Meer,
so würde auch dort
deine Hand mich führen

und deine Rechte mich halten.
Spräche ich:
»Finsternis soll mich bedecken
und Nacht statt Licht um mich sein«,
so wäre selbst Finsternis
bei dir nicht finster,
und die Nacht leuchtete wie der Tag.
Finsternis ist wie das Licht.

Du hast mein Inneres geschaffen,
du hast mich gebildet im Leib meiner Mutter.
Ich danke dir,
daß ich wunderbar gemacht bin.
Wunderbar sind deine Werke,
das erkennt meine Seele.
Deine Augen sahen mich,
als ich noch nicht bereitet war,
und alle Tage waren
in dein Buch geschrieben.

Wie schwer sind für mich, Gott,
deine Gedanken,
wie gewaltig ist ihre Zahl!
Wollte ich sie zählen,
so wären sie mehr als der Sand.
Am Ende bin ich noch immer bei dir.

(aus Psalm 139)

Gott ist bei dir

Gott ist bei dir,
wie der Boden, der dich trägt.

Gott ist bei dir,
wie die Luft, die du atmest.

Gott ist bei dir,
wie das Brot, das dich stärkt.

Gott ist bei dir,
wie das Wasser, das dich erfrischt.

Gott ist bei dir,
wie das Haus, das dich schützt.

Gott ist bei dir,
wie die Sonne, die deinen Tag hell macht.

Der gute Gott
begleite dich
auf allen deinen Wegen
und helfe dir bei deinen Aufgaben.

Unterschiedliche Seiten

Guter Gott,
ich danke dir für die vielen
unterschiedlichen Seiten in meinem Leben.
Sie gemeinsam machen dies Leben aus,
sie ergänzen und korrigieren sich.
Ich danke dir, daß ich an mir
Stärken und Schwächen entdecken kann,
Vertrauen und Zweifel,
daß ich Liebe spüre und Schuld erkenne.

Ich danke dir für Verstand und Gefühl,
für Wissen und Ahnen und Glauben,
für Fähigkeiten und Defizite.
Ich danke dir für Höhen und Tiefen,
für Freude und Trauer,
für Sommer und Winter in meinem Leben.

Ich danke dir für Arbeit und Freizeit,
für Anspannung und Erholung,
für Geben und Nehmen.
Ich danke dir für Trubel und Stille,
für Alleinsein und Gemeinschaft
und dafür, daß du mir in meinem Leben
auf ganz unterschiedliche Weise begegnest.

Gott läßt mich nicht allein

Gott läßt mich nicht allein,
ich darf auf ihn hoffen.

Gott läßt mich nicht allein,
ich darf zu ihm beten.

Gott läßt mich nicht allein,
ich darf ihm vertrauen.

Gott läßt mich nicht allein,
ich darf mit ihm leben.

Gott läßt mich nicht allein.
Ich darf mit seinem Segen rechnen
und ihn anderen zusprechen.

Nur für heute

Nur für heute
werde ich mich bemühen,
den Tag zu erleben,
ohne das Problem meines Lebens
auf einmal lösen zu wollen.

Nur für heute
werde ich in der Gewißheit
glücklich sein,
daß ich für das Glück
geschaffen bin.

Nur für heute
werde ich nicht danach streben,
die anderen zu verbessern –
nur mich selbst.

Nur für heute
werde ich glauben –
selbst wenn die Umstände
das Gegenteil zeigen sollten –,
daß Gott für mich da ist,
als gäbe es sonst
niemanden in der Welt.

Ich will mich nicht entmutigen lassen
durch den Gedanken,
ich müßte dies alles
mein ganzes Leben lang durchhalten.
Heute ist es mir gegeben,
das Gute während zwölf Stunden zu wirken.

Papst Johannes XXIII.

Das ist nicht selbstverständlich

Ich bin gesund.
Das ist nicht selbstverständlich.
Gott, ich danke dir für meine Gesundheit.
Ich bin reich, verglichen mit vielen anderen,
kann mich sattessen und in Urlaub fahren.
Das ist nicht selbstverständlich.
Gott, ich danke dir für meinen Reichtum.

Ich habe vieles gelernt,
verfüge über großes Wissen
und viele Informationen.
Das ist nicht selbstverständlich.
Gott, ich danke dir für mein Wissen.
Ich habe Fähigkeiten,
die ich weiterentwickeln konnte.
Das ist nicht selbstverständlich.
Gott, ich danke dir für meine Fähigkeiten.

Gott, ich vertraue dir.
Du schenkst mir einen fröhlichen Glauben.
Das ist nicht selbstverständlich.
Gott, ich danke dir für meinen Glauben.
Bitte zeig mir, wie ich meine Gesundheit,
meinen Reichtum, mein Wissen,
meine Fähigkeiten und meinen Glauben
am sinnvollsten einsetzen kann.

Nicht zuviel

Gott gebe dir stets genug zu essen,
daß du nicht hungern mußt,
aber nur so viel,
daß du nicht satt und träge wirst.
Er mache dein Herz weit,
daß du gerne teilst.

Gott schenke dir Wohlstand,
aber nur so viel,
daß du nicht ständig
in Angst vor Räubern lebst,
daß du deine Sicherheit
nicht aus deinem Besitz nimmst,
sondern aus dem Vertrauen zu Gott.

Gott schenke dir
Talente und Fähigkeiten und Erfolge,
aber nur so viel,
daß du nicht stolz wirst
und vom Erfolg abhängig,
sondern deine Gaben einsetzt,
um diese Welt etwas schöner
und lebenswerter zu gestalten.

Der Weg des Friedens

Herr, unser Gott
und Gott unserer Väter,
möge es dein Wille sein,
uns in Frieden zu leiten,
unsere Schritte
auf den Weg des Friedens zu richten
und uns wohlbehalten
zum Ziel unserer Reise zu führen.

Behüte uns vor aller Gefahr,
die uns auf dem Weg bedroht.
Bewahre uns vor Unfall
und vor Unglück,
das über die Welt Unruhe bringt.

Segne die Arbeit unserer Hände.
Laß uns Gnade und Barmherzigkeit
vor deinen Augen finden;
Verständnis und Freundlichkeit
bei allen, die uns begegnen.

Höre auf die Stimme unseres Gebetes.
Gepriesen seist du, o Gott,
der du unser Gebet erhörst.

(Altes jüdisches Reisegebet)

Den Frieden lasse ich euch,
meinen Frieden gebe ich euch.
Nicht gebe ich euch,
wie die Welt gibt.
Euer Herz erschrecke nicht
und fürchte sich nicht.

(Johannesevangelium 14, 27)

Zur Ehe

Gott segne eure Ehe,
er sei bei euch
in guten und in schweren Tagen,
er halte seine Hand über euch,
er mache es möglich,
daß ihr euch gegenseitig
mit Augen der Liebe seht
und euch immer wieder neu entdeckt.
Er lasse eure Liebe wachsen und reifen.
Er lasse euch niemals stillstehen,
sondern halte euch in Bewegung
auf eurem Weg,
er zeige euch Auswege bei Schwierigkeiten
und gebe euch Mut, auch neu anzufangen.
Gott lasse euch zum Segen werden für andere,
für Kinder, Freunde, Nachbarn.
Das alles schenke euch der allmächtige Gott.

Zur Geburt

Gott segne dieses Kind
und seine Eltern.

Nehmt das Geschenk des neuen Lebens
dankbar aus Gottes Hand.
Dieses Kind ist euch anvertraut.
Gott gebe euch Liebe,
Verständnis und Weisheit,
um dem Kind gute Begleiter zu sein
und es auf die Möglichkeiten und Gefahren
dieses Lebens vorzubereiten.

Gott schenke dem Kind,
daß es gute Wege geht,
die zum Leben führen,
und daß es wieder aufsteht,
wenn es unterwegs einmal fällt.

Danke für die Kinder

Jedes Kind ist eine Hoffnung für diese Welt
Danke für die Kinder.
Danke für das Vertrauen,
mit dem sie ihre Eltern beschenken.
Danke für ihre Ehrlichkeit,
mit der sie uns oft beschämen.
Danke für ihre Lebensfreude,
die uns schnell ansteckt.

Danke, Jesus,
daß du selbst ein Kind geworden bist,
Hoffnung für diese Welt,
nicht nur damals,
sondern für viele Menschen auch heute.

Danke, daß du die Kinder liebst.
Danke, daß du willst, daß sie heil sind,
auch die mißhandelten,
die erniedrigten und verkrümmten,
die hungernden und chancenlosen.
Gott, du willst, daß wir uns
mit heillosen Zuständen nicht abfinden.
Du willst uns zu Werkzeugen
deiner Liebe machen.
Begleite uns dabei, uns, deine Kinder!

Fürchte dich nicht,
denn ich habe dich erlöst;
ich habe dich bei deinem Namen gerufen;
du bist mein!

(Jesaja 43, 1)

Menschen an meiner Seite

Gott, ich danke dir für die Menschen,
die du an meine Seite gestellt hast,
für Eltern, Kinder und Ehepartner,
Verwandte, Freunde und Nachbarn,
für Frauen und Männer,
mit denen ich zusammen arbeite,
mit denen ich durch die Gemeinde,
die Kinder, die Freizeit, die Politik,
eine Krankheit oder eine Aufgabe
verbunden bin.
Ich danke dir, daß sie alle
von dir geliebt sind, du Gott der Liebe,
daß sie in deinen Augen
unendlich kostbar und wertvoll sind.
Ich danke dir für ihre Liebe und Freundschaft,
ihren Einsatz und ihren guten Willen.
Ich danke dir für ihre Kritik an mir,
für manche Skepsis gegenüber meinen Gedanken
und meinen wohlgemeinten Vorschlägen.
Ich danke dir auch für die Menschen,
die mich mit ihrer Ablehnung
und Gegnerschaft herausfordern.
Sie helfen mir,
mein Handeln und Denken zu überprüfen
und zu lernen, was es bedeutet,
allen Menschen in Achtung zu begegnen.

Segne diesen Besuch

Gott,
ein Mensch, den ich sehr gern habe,
ist in großen Schwierigkeiten.
Er bat mich um einen Besuch,
und ich freue mich über sein Vertrauen.
Aber gleichzeitig drückt mich
die Verantwortung,
die damit zusammenhängt.

Bitte segne diesen Besuch
und unser Gespräch.
Laß mich intensiv hören
und nicht gleich mit Antworten kommen.
Hilf mir, die Situation zu verstehen
und Probleme zu erkennen.
Schenke mir Geduld und Liebe und Weisheit.

Gott, ich danke dir,
daß du diesen Menschen liebst.
Danke, daß du ihn bis hierher geführt hast
und willst, daß sein Leben heil ist.
Ich rechne fest mit deiner Liebe
und deiner heilenden Nähe.

Eine schwere Entscheidung

Eine schwere Entscheidung steht mir bevor.
Ich mag gar nicht daran denken
und denke doch an nichts anderes.
Ich suche verzweifelt nach guten Argumenten
und dem richtigen Weg.
Meine Gedanken drehen sich im Kreis,
und ich komme nicht weiter.

Himmlischer Vater,
mein Blick ist sehr begrenzt.
Wonach soll ich mich entscheiden?
Jedes Ja ist zugleich ein Nein.
Wenn ich einen Weg wähle,
kann ich nicht zugleich einen anderen gehen.
Ich habe Angst, mich zu entscheiden.

Hilf, daß ich mich nicht
vor der Entscheidung drücke.
Das wäre die schlechteste Entscheidung.
Gib mir klare Gedanken,
Mut und Weisheit,
und laß mich dann dazu stehen.
Segne mich und alle,
die davon betroffen sind.

Mein Gott,
gib, daß ich erkenne,
was du von mir willst,
und daß ich es auch ausführe,
wie es sich gebührt
und wie es dem Heil meiner Seele
dienlich ist.

Thomas von Aquin

Eine besondere Nähe

Danke, Gott der Vergebung,
daß ich mich an Augenblicke erinnere,
in denen ich völlig versagt habe.
Nur so kann ich Menschen verstehen,
die mit ihrer Schuld nicht fertig werden.
Danke, Gott des Trostes,
daß es Zeiten in meinem Leben gab,
in denen die Traurigkeit mir allen Mut nahm.
Wie sonst sollte ich Menschen trösten können,
die keinen Ausweg aus ihrer Trauer wissen?
Danke, Gott des Heils,
daß ich die Zeit meiner Krankheit
nicht vergessen habe.
Das schenkt mir eine besondere Nähe
zu den Menschen, die krank sind.
Danke, Gott der Liebe,
daß ich manches Mal
unter Einsamkeit gelitten habe.
So fühle ich mich denen verbunden,
denen ich in ihrer Einsamkeit begegne.
Danke, Jesus, Gott und Mensch,
daß du selbst Zweifel,
Tod und Gottesferne erlitten hast.
So bist du allen nah,
die dir gerne vertrauen möchten.

Ein Blick in die Zeitung

Ein Blick in die Tageszeitung reicht,
um mir zu zeigen,
daß die Welt nicht in Ordnung ist.

Ich lese von menschlichen Tragödien,
von Schicksalen und Trennungen,
Unfall, Konkurs, Kündigung.
Ein Ehepaar ging gemeinsam in den Tod.
Ein Tourist wurde spät abends überfallen.
Ich lese von Kriegsgefahr im Osten
und von Hungersnot im Süden,
von einem Flugzeugunglück in Amerika
und einem Unwetter in Asien.
Ich lese, daß die Erde bebt
und Verhandlungen abgebrochen wurden.
Das alles möchte ich vor dich bringen.
Wenn du der Gott aller Menschen bist,
dann hilf und tröste und lindere Not,
dann sei Opfern und Tätern nah,
Hungernden und Satten,
Glücklichen und Verzweifelten.
Dann laß Menschen, mich und andere,
ihre Verantwortung erkennen und wahrnehmen.

Eine neue Einstellung

Gott, was haben wir nur
aus deiner wunderbaren Erde gemacht?
Wir plündern sie aus,
wir nehmen ihr die Luft zum Atmen,
wir pumpen ihre Flüsse voll mit Gift
und betonieren ihre Oberfläche zu.
Ich bin entsetzt über die Zerstörung
deiner Schöpfung
und bin doch vielfältig daran beteiligt.
Ich verbrauche wichtige Rohstoffe,
ich verpeste die Luft mit meinem Auto,
ich vergifte die Flüsse und Meere
mit meinen Waschmitteln.

Ich brauche eine neue Einstellung
zu deiner Schöpfung,
ein neues Bewußtsein für unsere Umwelt.
Ich möchte neue Wege suchen,
verantwortlich mit dieser Welt umzugehen.
Bitte öffne mir und uns die Augen
und schenke den Bemühungen der
verschiedenen Umweltschützer Erfolg.
Laß es für ein Umdenken
noch nicht zu spät sein,
Gott, Schöpfer und Erhalter!

Herr, gib mir die Kraft,
alles zu tun, was du von mir verlangst,
und dann verlange von mir,
was immer du willst.

Augustin

Gute Vorbilder

Es gibt nicht nur Menschen,
die ihren eigenen Vorteil
über alles andere stellen.
Es gibt nicht nur Politiker,
die käuflich sind.
Es gibt nicht nur verantwortungslose
Umweltverschmutzer und Ausbeuter.

Gott, ich danke dir
für all die unzähligen Frauen und Männer,
die zum Wohle anderer
auf ihren eigenen Vorteil verzichten,
für alle, die für unsere Umwelt bereit sind,
Opfer zu bringen,
für alle, die Ausländern helfen,
sich bei uns zurechtzufinden
und wohlzufühlen,
die treu ihren Dienst am Nächsten tun,
für alle Politiker,
die sich bei ihren Aufgaben
nicht durch eigene Interessen leiten lassen,
sondern sich dem Gemeinwohl
verpflichtet wissen.

Gott, ich danke dir für die Menschen,
die anderen als gute Vorbilder dienen können,
weil sie dein Gebot der Liebe ernstnehmen.

Danken und Teilen

Ich darf mich jeden Tag sattessen.
Wenn ich es nicht tue,
dann liegt das an meiner Diät.
Ich darf mir aussuchen, was ich esse,
Fleisch, oder lieber keins,
Vitamine, exotische Früchte,
süß, scharf, sauer –
das größte Problem beim Essen
ist die Qual der Wahl.

Gott, bitte laß diesen Luxus
für mich niemals selbstverständlich werden.
Laß es niemals geschehen,
daß ich mich an einen gedeckten Tisch setze
ohne ein Gefühl der Dankbarkeit.

Laß mich aus dieser Dankbarkeit heraus
neue Maßstäbe gewinnen,
daß jeder Mensch die Möglichkeit haben muß,
sich sattzuessen,
daß niemand auf dieser Welt verhungern darf.
Laß mich das Danken lernen
und dann mit dankbarem Herzen teilen.

Ein Fremder

Gestern war ein Fremder
als Gast in meinem Haus.
Ich teilte meine Speise mit ihm,
ich füllte ihm den Becher zum Trinken,
ich spielte ihm ein Lied.

Und im Namen der Dreifaltigkeit
segnete mich der Fremde,
mich und meine Lieben,
mein Haus und mein Vieh.

Und über dem Dach
jubelte die Lerche:
Oft, oft, ja oft
kommt Christus durch unseren Ort
im Gewand eines Fremden.

(aus Irland)

Herr, segne dieses Haus!
Laß es zu einem Ort
des Friedens werden,
wo Menschen sich
mit Liebe und Verständnis begegnen.
Laß es zu einem Ort werden,
an dem Menschen Schutz erfahren
und Wärme spüren.

Am frühen Morgen

Mein himmlischer Vater,
jetzt am frühen Morgen möchte ich
dir als allererstes sagen,
daß ich diesen Tag als ein Geschenk
aus deiner Hand nehmen möchte.

Gott, ich stehe im Badezimmer
und schaue mich im Spiegel an.
Sehr erfreulich ist mein Anblick
jetzt noch nicht.
Danke, daß ich mich vor dir
nicht zurechtmachen oder verstellen muß.
Danke, daß du mich in jedem Augenblick
gerade so liebst, wie ich bin.

Gott, ich schaue auf den Plan für diesen Tag.
Manches könnte mich heute überfordern.
Aber es ist gut zu wissen,
daß du mich durch diesen Tag begleitest.

Bitte gib mir genügend Kraft
und Liebe für diesen Tag.

Ein neuer Tag

Ein neuer Tag liegt vor mir.
Hab Dank, himmlischer Vater,
für die Stunden der Ruhe
in der vergangenen Nacht!
Wie du mein Leben geschaffen hast,
so hast du auch diesen neuen Tag gemacht.

Bitte segne alle Menschen, die ich liebe.
Sei ihnen und mir nahe.
Zeig uns gute Möglichkeiten,
die dieser Tag bietet.
Laß uns aus deiner Liebe leben
und selbst Boten dieser Liebe sein.

Ich bitte dich für alle,
denen ich heute begegne,
am Arbeitsplatz und in der Bahn,
im Kaufhaus und in der Schule.
Hilf, daß wir uns gegenseitig
als Menschen sehen,
nicht als Nummern oder Gegner,
und so miteinander umgehen,
wie du es uns in Jesus gezeigt hast.

Ein neuer Tag liegt vor mir.
Wenn du dabei bist,
wird es bestimmt ein guter Tag.

Morgengebet

Gott, zu dir rufe ich früh am Tag.
Hilf mir beten
und meine Gedanken zu dir sammeln,
ich kann es nicht allein.

In mir ist es finster,
aber bei dir ist Licht;
ich bin einsam,
aber du verläßt mich nicht;
ich bin kleinmütig,
aber bei dir ist Hilfe;
ich bin unruhig,
aber bei dir ist Friede.
In mir ist Bitterkeit,
aber bei dir ist Geduld;
ich verstehe deine Wege nicht,
aber du weißt den Weg für mich.

Lehre uns, Herr, unser Gott,
daß wir dich in rechter Weise
um das Richtige bitten.

Basilius der Große

Eine kurze Pause

Dies ist ein anstrengender Tag.
Ich habe viel zu tun und zu erledigen.
Ich komme kaum zum Luftholen.
Ich spüre den Druck der Verantwortung.

Jetzt freue ich mich über eine Pause.
Um mich herrscht für kurze Zeit Ruhe.
Aber in mir ist noch keine Ruhe eingekehrt,
in mir arbeitet es weiter.

Gott, ich brauche dich nicht zu rufen,
du bist mir schon ganz nah.
Ich danke dir, daß ich Arbeit habe,
daß ich eine Aufgabe erfüllen kann.
Schenke mir das richtige Maß,
daß ich nicht
unter der Arbeit zerbreche
oder mich von ihr tyrannisieren lasse.
Schenke mir die Kraft und Ausgeglichenheit,
das zu tun, was nötig ist.

Gott, danke, daß ich zu dir kommen darf
und bei dir Frieden finde.
Bitte begleite mich
und alle, mit denen ich zu tun habe,
durch diesen Arbeitstag.

Am Ende des Tages

Der Tag nähert sich seinem Ende.
Ich blicke zurück.
Heute war ich fröhlich und nachdenklich,
ich war zufrieden mit mir und unzufrieden.
Ich habe wichtige Aufgaben erledigt,
manches blieb liegen.

Gott, heute morgen nahm ich diesen Tag
aus deiner Hand.
Nun bringe ich ihn dir zurück.
Bei dir ist er gut aufgehoben
mit seinen Freuden und Tränen,
mit guten und schlechten Erinnerungen,
mit Liebe und Schuld.
Ich lege alles in deine Hände,
auch alle Sorgen und Probleme.
Bitte schenke mir einen unbeschwerten Schlaf,
damit ich mich morgen wieder
frisch ans Werk machen kann.

Der Tag nähert sich seinem Ende.
Wieder ist ein Tag Vergangenheit.
Laß mich an jedem Abend lernen,
mein Leben vertrauensvoll
in deine Hände zu legen.

Danke für diesen Tag

Das war ein schöner Tag.
Gott, ich danke dir.
Ich habe ihn heute morgen
als Geschenk von dir erhalten.

Danke, daß du mir heute
offene Augen geschenkt hast,
um die Schönheit des Tages zu sehen,
die Schönheit der Welt,
der Pflanzen und Tiere
und besonders deiner Menschen.
Danke, daß du mir heute
ein offenes Herz geschenkt hast,
um die Nöte und Lasten zu sehen,
eine verschmutzte Umwelt,
leidende Pflanzen und Tiere
und verletzte, enttäuschte Menschen.
Ich danke dir für diesen Tag,
für alle Gaben und Aufgaben,
für Freude und Traurigkeit.
Schenke mir morgen Kraft für den neuen Tag.
Laß mich Verantwortung
für deine Schöpfung übernehmen.
Laß mich die Augen weder vor den schönen
noch vor den häßlichen Seiten verschließen.

Herr, bleibe bei uns,
denn es will Abend werden,
und der Tag hat sich geneiget.
Bleibe bei uns
und bei allen deinen Kindern
in Zeit und Ewigkeit.

(überliefert)

Das neue Jahr

Gott segne das neue Jahr für dich.
Er segne deinen Winter
und deinen Frühling,
deinen Sommer
und deinen Herbst.
Er segne deine Pläne
und lasse gelingen,
was gut ist für dich und andere.
Er segne deine guten Vorsätze
und helfe dir,
sie in die Tat umzusetzen.
Er schenke dir genügend Arbeit
und Zeit zur Muße und zum Ausruhen.
Er schenke dir Menschen,
die dir zur Seite stehen,
wenn die Tage schwer werden,
und die sich mit dir freuen,
wenn du glückliche Tage erlebst.

Gott segne dieses neue Jahr für dich
und lasse dich zu einem Segen werden.

Am Ende eines Jahres

Am Ende eines Jahres
gehen meine Gedanken zurück.
Was habe ich getan?
Was habe ich versäumt?
Und wieder ist ein Jahr vergangen.

Am Ende eines Jahres
überfällt mich die Dunkelheit.
Es ist dunkel in der Welt.
Es ist dunkel in mir.
Auch im neuen Jahr?

Am Ende eines Jahres
gehen meine Gedanken in die Zukunft.
Was wird mich erwarten?
Wieviel Zeit habe ich noch?
Was bringt das neue Jahr?

Am Ende eines Jahres
suche ich Zuflucht bei dir.
Du, Gott, bist das Licht,
das meine Dunkelheit hell macht.
Anno Domini, im Jahre des Herrn.

Ich habe Zeit

Gott, du hast mir viel Zeit geschenkt,
genugend Zeit für mein Leben.
Aber wie gehe ich mit dieser Zeit um?
Ich lasse sie sinnlos verstreichen,
ich verschiebe Dinge
auf morgen, auf übermorgen,
ich stopfe die Zeit bis oben hin voll,
ich schlage sie tot.

Gott, jeder Augenblick meines Lebens
ist kostbar und einmalig.
Laß mich meine Zeit sinnvoll füllen.
Ich brauche das richtige Verhältnis
von Arbeit und Ausruhen,
von Bewegung und Stillesein,
Nehmen und Geben,
Reden und Hören.

Gott, ich will meine Zeit
als Geschenk von dir sehen,
als ein Geschenk, über das ich mich freue.
Laß die Zeit eine Freundin sein,
die mein Leben ermöglicht und reich macht
und der ich nicht hinterherlaufen muß,
die mich nicht erdrückt,
die mich nicht zu ihrem Sklaven macht.

Ich lege alles in deine Hände,
mein Heute und mein Morgen,
mein Lieben,
meine Tränen,
meine Fehler und meine guten Träume.
Bei dir ist alles gut aufgehoben.

Mein Terminkalender

Mein Terminkalender ist voll,
manchmal sogar übervoll.
Oft weiß ich nicht, wo mir der Kopf steht.
Ein zusätzlicher Termin
bringt meine Planung ins Wanken.
Ein unerwarteter Besuch
treibt mir den Schweiß auf die Stirn.
Ich habe die Zeit nicht mehr im Griff,
sie hat mich im Griff, im Würgegriff.

Gott, du bist der Herr der Zeit,
auch meiner Zeit.
Ich will sorgsam mit dieser Zeit umgehen.
Ich will mich nicht von ihr jagen lassen.
Schenke mir eine neue Einstellung
und einen neuen Umgang mit der Zeit.
Laß mich Zeiten freihalten,
zum Luftholen, zum Gespräch mit dir,
für meine Familie,
für Unerwartetes.
Hilf, daß ich nicht gelebt werde,
sondern lebe!

Überall

Für mein Zuhause bin ich dankbar.
Und doch zieht es mich immer wieder hinaus,
zu einem Spaziergang, einem Ausflug,
zu einer Reisc voller Abenteuer,
manchmal sogar in ein anderes Land.

Gott, ich danke dir für alle Reisen,
die ich bisher unternommen habe
und noch unternehmen werde.
Ich danke dir für einsame Seen
und für atemberaubende Ausblicke,
für vielfältige Abenteuer,
besonders die vielen Begegnungen
mit ganz unterschiedlichen Menschen.
Danke für den Respekt,
den du mich gelehrt hast,
vor deiner großartigen Schöpfung,
vor fremden Kulturen und Sitten
und den Menschen,
die teilweise ganz anders sind als ich.

Danke, daß ich dir überall begegnen kann,
in deiner Natur, in deinen Menschen
oder im Gebet, so wie jetzt.

Gott wird mit dir sein

Geh in die Welt
als Bote des Friedens.
Gott wird mit dir sein.

Geh in die Welt
als Tröster und Helfer.
Gott wird mit dir sein.

Geh in die Welt
als Zeichen der Liebe.
Gott wird mit dir sein.

Geh in die Welt
als Freund für die Menschen.
Gott wird mit dir sein.

Geh in die Welt
von Gott gesegnet,
und gesegnet kehrst du
am Ende heim.

Laß mich nicht ausweichen,
wenn mir Menschen in Not gegenüberstehen.
Laß mich nicht ausweichen,
wenn schwierige Entscheidungen anstehen.
Laß mich nicht ausweichen,
wenn du, Gott, mir Aufgaben stellst.
Denn mitten hindurch
führt der Weg zum Leben.

Ein erfülltes Herz

Mögest du immer Arbeit haben,
etwas zu tun für deine Hände,
und immer Geld in der Tasche,
soviel du zum Leben brauchst.

Möge das Sonnenlicht
auf dein Fenstersims scheinen
und dein Herz voll Gewißheit sein,
daß jedem Regen
ein Regenbogen folgt.

Der Tag sei dir günstig
und die Nacht dir gnädig.
Die gute Hand eines Freundes
möge dir immer nahe sein,
und Gott möge dir dein Herz erfüllen
und dich mit Freude ermuntern.

(aus Irland)

Ich wünsche dir

Ich wünsche dir
keinen bequemen und leichten Weg,
der alle Hindernisse umgeht
und dir jede Anstrengung erspart.
Aber ich wünsche dir, daß du den Weg findest,
der für dich persönlich der richtige ist.

Ich wünsche dir auf deinem Weg
keine Menschen als Begleiter,
die immer nur lächeln,
die stets einen Scherz auf den Lippen haben
und nie einen Fehler machen.
Ich wünsche dir vielmehr Menschen,
die dir gegenüber ehrlich sind
und denen du
ohne Vorbehalte vertrauen kannst.

Ich wünsche dir auf deinem Weg
nicht jeden Tag Sonnenschein.
Aber ich wünsche dir,
daß du dich über den ersten Sonnenstrahl
nach einer langen Regenzeit
von ganzem Herzen freuen kannst.

Gott segne dich

Der Herr sei vor dir,
um dir den rechten Weg zu zeigen.

Der Herr sei neben dir,
um dich in die Arme zu schließen
und dich zu schützen.

Der Herr sei hinter dir,
um dich zu bewahren
vor der Heimtücke böser Menschen.

Der Herr sei unter dir,
um dich aufzufangen,
wenn du fällst.

Der Herr sei in dir,
um dich zu trösten,
wenn du traurig bist.

Der Herr sei über dir,
um dich zu segnen.

So segne dich der gütige Gott.

(altchristliches Segensgebet)